在武陵

布農族的百年遷徙

很久很久以前…

布農族居住在中央山脈海拔1000到1500公尺的高山上

為了環境的需求，大約在三百多年前……
布農族人往東遷，從南投越過中央山脈到花蓮

之後,
布農族人再從花蓮遷徙到台東的海端鄉與延平鄉

布農族人到了台東延平鄉，
在紅葉鐵樹保護山區為主要居住地

後來，
因為狩獵及開墾的原因，
布農族人發現 Buk-Zav 這塊土地

又長滿芒草的平原地帶

布農族人認為 Buk-Zav,
是一個土地肥沃的平原, 很適合種植小米

於是，
布農族人陸陸續續定居在 Buk-Zav，開墾土地

過了數年，因為布農族人口增加必須尋找新的獵場Suqluman 家族（王家）分別從 kanatin（里攏山社）、kaaluman（卡力滿社）、kanasiul（加拿水社），共有 56 人遷徙到 Buk-Zav

除了王家之外
靠近 Buk-Zav 北邊的 adal 與 kasuanu 一帶的邱家也遷入 Buk-Zav

布農族人雖然居住在 Buk-Zav，但是沒有住在一起，而是散居在 Buk-Zav 周圍，有的住在小山溝，有的住在山邊處，有的住在低窪地

當時有七個聚落散居在 Buk-Zav 周圍，
這七個聚落有……

Taki-Taugku（同囲）

Taki-Lakuliu（拉囲里）

Taki-Bukzav（布谷扎）

往鹿野

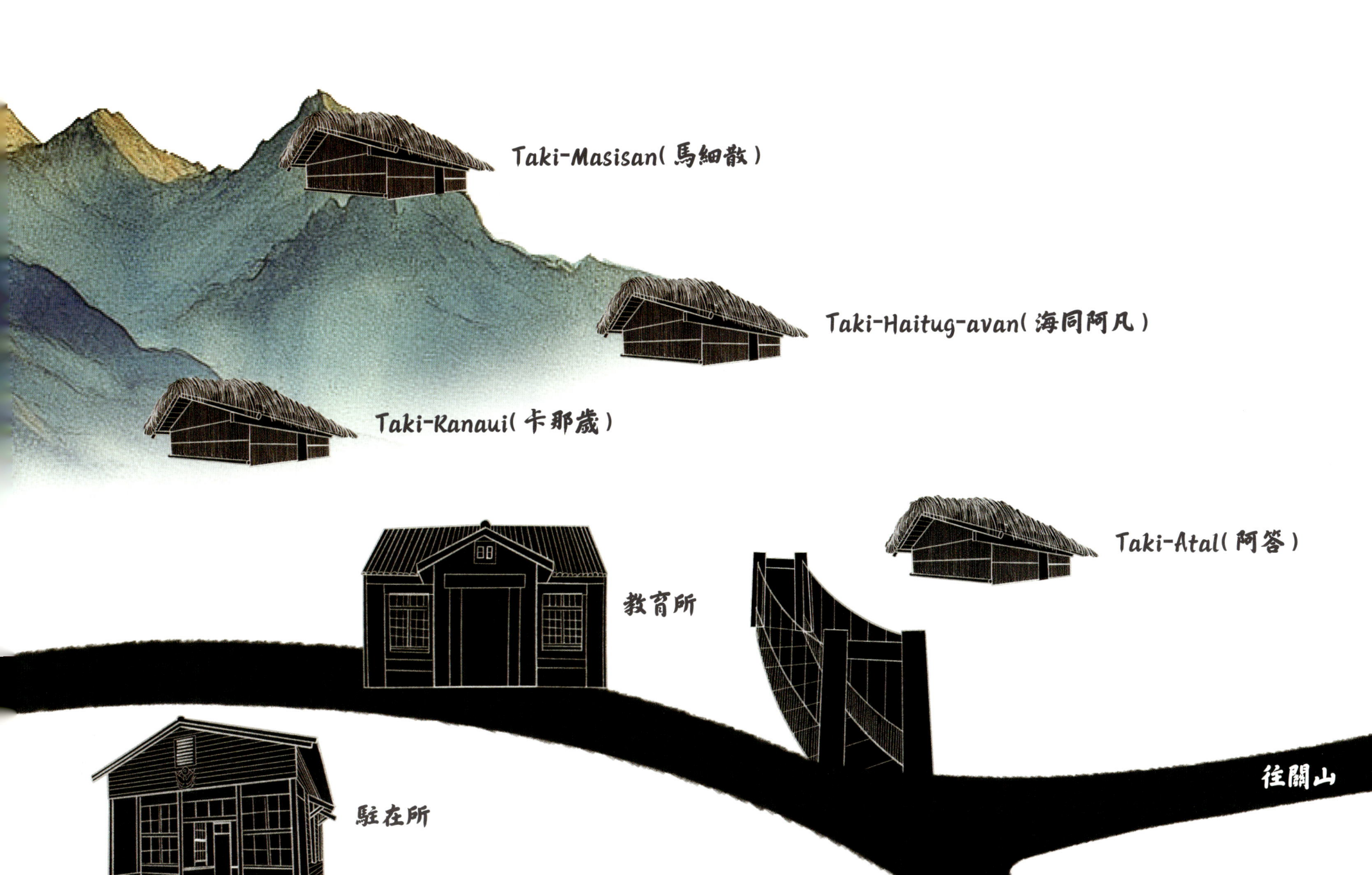

布農族過著遊耕的生活，在日本統治台灣的時候，一切都變了。
日本曾經觀察 Buk-Zav 這片土地，因為地勢平坦，
他們認為 Buk-Zav 很適合居住

另外，日本政府為控制原住民以方便集中管理
強制將霧鹿和內本鹿社的布農族人強行遷居山下

內本鹿社的布農族人陸陸續續遷到山下，而他們的房子都被日本人燒光了。

在日本的強制管理下,
布農族就從散居、小集中的小部落,變成:「多氏族集居式的部落」

然後日本人與布農族人一起居住在 Buk-Zav
在日本的規劃下，Buk-Zav 開始耕作水稻

日本在 Buk-Z 開發水田耕地，
農地拓墾、水利設施的興建很成功 日本更將 Buk-Zav 視為模範村

日治將 Buk-Zav 這塊地稱為「明野」
而明野的意思是指太陽升起，陽光最先照射的地方

陶淵明〈桃花源記〉裡的武陵一詞代表的是，對於世外桃源的向往與憧憬。日本戰敗之後，國民政府遷來台灣，他們以風景秀麗的原因，將日本人取的明野改為「武陵」

從此,我們就叫做「武陵」,一直到現在!

無論是三百多年前為了開墾而來的、或是被日本趕下山遷居來的，這些從四面八方遷徙到武陵的布農族人，都是一家人。

感謝與祝福

《家在武陵！布農族的百年遷徙》講述了台東縣延平鄉「武陵部落」的遷徙歷程。這本繪本承載著布農族人對家園的深厚情感，並以真實的歷史為基礎創作而成。為了確保故事的準確性與完整性，創作過程中花費大量時間進行文獻閱讀、內容分析，並多次進行實地考察，走訪武陵部落，進行深入的訪談與記錄。

特別感謝接受訪談的余長日耆老、余新民耆老等長者，感謝他們無私分享寶貴的族群記憶與故事，讓這本繪本更具深度與意義。感謝武陵文化健康站的長者們，他們在討論時提供的寶貴建議，幫助我在創作過程中找到更多靈感與動力。感謝延平鄉政府對這本繪本的支持，為這段歷史傳承提供了堅實的後盾。

這本繪本的誕生離不開眾多貴人的支持與鼓勵。我要特別感謝文化部的補助，讓這本作品得以順利完成。感謝插畫家吳峰霆先生，他以精湛的筆觸完美呈現了布農族的文化特色和山林風貌，讓故事更加生動鮮活。

最後，我要感謝所有在嘖嘖平臺上慷慨贊助的朋友，尤其是林子馨、Pei Hsin Cheng 兩位長期支持我的贊助人，感謝你們的持續支持，讓這個屬於布農族的故事能夠呈現給更多人。這本繪本的出版，是大家共同努力的成果，期盼它能在未來感動更多讀者，傳承布農族的故事與文化。